AF277786

Los versos de mi amiga

Esperanza Ortega

Ortega

Los versos
de mi amiga

Galaxia Gutenberg

Edición al cuidado de Jordi Doce

Publicado por
Galaxia Gutenberg, S.L.
Av. Diagonal, 361, 2. 1.ª
08037-Barcelona
info@galaxiagutenberg.com
www.galaxiagutenberg.com

Primera edición: febrero de 2026

© de los poemas: Esperanza Ortega, 2026
© Galaxia Gutenberg, S.L., 2026

Preimpresión: Maria Garcia
Impresión y encuadernación: Romanyà-Valls
Plaça Verdaguer n.º 1, 08786-Capellades
Depósito legal: B 541-2026
ISBN: 979-13-87605-71-1

Nota

Nunca la tuve / pero me tiene

ARNAUT DANIEL

Cité estos versos en unas Jornadas de Poesía que se celebraron en Valladolid en 1996, con el título de «Raíz de treinta». Cada uno de los treinta poetas convocados debía explicar su poética. A mí se me hacía muy cuesta arriba preparar mi colaboración, pues se trataba de una de mis primeras intervenciones públicas y no se me ocurría cómo empezar, hasta que encontré los versos de Arnaut Daniel. Lo recuerdo precisamente hoy, cuando acabo de terminar un libro de poemas, tras mucho tiempo de espera.

¿Qué ha cambiado en estos años?

Poco ha cambiado en mi relación con la poesía, tan apasionada como desigual: sigo prendada de la dama más exigente, que me posee sin que yo la posea en absoluto. Y sin embargo, hoy no elegiría los versos citados como síntesis de mi poética, sino el relato de lo que sucedió cuando Arnaut Daniel los recitó ante Ricardo Corazón de León, el hijo de Leonor de Aquitania, en un debate cortesano.

Ocurrió más o menos así: habiendo sido retados él y otro poeta a escribir una canción en una sola jornada, el rey los encerró a cada uno en una estancia. Daniel estaba desesperado porque no se le ocurría cómo comenzar. Entonces, en el conticinio de la noche, oyó una voz que, siéndole desconocida, decía lo que él siempre había querido decir, aunque nunca lo hubiera sabido expresar de manera tan contundente. «Nunca la tuve / pero me tiene», eso fue lo que oyó. Sin pensárselo dos veces, lo escribió como estribillo de su composición y prosiguió con los versos de la glosa. Una vez concluida su tarea, se echó a dormir tranquilo.

Eso mismo me ha ocurrido a mí con *Los versos de mi amiga*. Tras un largo periodo de aridez, he oído la voz de una mujer que me dictaba el eje fundamental de mi escritura. Parece sencillo, pero no lo es. A mí me ha costado mucho tiempo interpretar su llamada nocturna, el suficiente para que comprendiera que no es enteramente nuestro lo que escribimos los poetas, que nuestra tarea consiste en estar atentos a la voz que, desde dentro o desde fuera de nosotros, nos dicta lo que sentimos y nunca terminamos de expresar: «Nunca la tuve / pero me tiene», este es el sentido de su escueto mensaje.

¡Ay, quién volviera a la corte de Ricardo Corazón de León!

Los versos de mi amiga

ESCRIBIR UN POEMA te llena de dicha.
Como una mendiga que entierra su tesoro,
sonríes en silencio,
el mundo te acompaña un trecho del camino;
sientes su vecindad,
ya no estás sola, ya no eres frágil, ya no te duelen las
    rodillas,
podrías encaramarte a un árbol y retar desde allí a tus
    poetas
a que suban contigo
a otear un paisaje
que existe solo gracias a tus versos.

Pero escribir un poema no es tarea fácil,
podrían transcurrir días y meses
y años sin que tú escribas un poema.
Pasa el amor y se aproxima el miedo,
nacen los nietos
y mueren los amigos.
Y cuando las palabras
se deslizan por fin entre tus dedos

también puedes mancharte con el óxido
de sus bordes roídos.
Puede que sí o puede que no.
Puede ser que te asalte por la espalda
la vieja que te mira de reojo
mientras tú permaneces con la pluma en el aire.
Pero tampoco es del todo imposible
que en forma de ancianita inofensiva,
con su guadaña oculta entre las faldas,
la descubras un día arrastrándose
hacia ti con sigilo,
sin saber que eres tú quien la observa,
encaramada en tu verso feliz.

Sí, tú misma,
tan ágil y poderosa como ella,
sabiendo que por fin has escrito
un poema a su altura.

VA Y VEN

I

Mi pelo,
¿para qué molestarme en describirlo?
Era mi pelo y nada más.
Lo llevaba una muchacha mucho más alta que yo,
lucía en su cabeza con el brillo de otro verano.
Ya lo he dicho,
ella en nada se parecía a mí,
pero mi pelo era inconfundible.

También me he tropezado con mis piernas en dos oca-
    siones
y con mis pechos de otro tiempo.
Aunque no di importancia a esos hallazgos.
Lo inquietante de verdad fue cruzar la mirada
con mis ojos,
¡mis ojos!,
en el rostro de aquella mujer desconocida.

Por un instante
quietos
eran mis propios ojos otra vez

los que veía con estos ojos míos y no míos.
Mas enseguida se apartaron
y miraron al frente
sumisos al mandato de olvidarse de mí.

–En el aire flotaban vilanos y vilanos–.

¿Me conocieron
tal vez
aquellos ojos?
Eso pregunto:
a cuántas conocerán en este paseo infinito
bordeado de sauces y viejos bancos de madera.

Miro el reloj
y van a dar las doce.
No hay tiempo para contestar a las preguntas.
Es como si alguien te preguntara a ti
de quién es esta vida,
como si te pidiera que le contaras la historia de la mujer
que sueña cada noche
contigo
mientras tú duermes a su lado.

Pero al menos te dices a ti misma:
¿de quién es esta mano

con la que escribes unos versos
que sí te pertenecen?

Eros te mece entre sus brazos y luego te abandona como
    un árbol caído.
El columpio,
la danza de la verdad y la mentira.

Niña eres entonces
en el vaivén del tiempo presagiado.
Luego te rindes al horizontal
sobre el diván de los impronunciables
hasta que vuelves al amor del columpio
y sabes que ya no.

Sin embargo,
una tarde ensoñada que fuera exacta a esta
recordarías el vaivén,
dibujarías el columpio con los ojos
sobre el gris del otoño.
Comprobarías que aún logras elevarte
estirando las piernas por encima del tiempo
y descender
encogiendo al unísono

sobre el ayer distante las rodillas.
Tan suavemente
que sonríes.
¡Qué gusto!
Al menos sabes que estuviste,
que fue.

3

De repente te das cuenta de que no tienes casa.
Tienes camas y mesas y lámparas y revistas y sillones,
pero no tienes casa.

De repente te das cuenta de que andas desnuda.
Tienes camisas y faldas y abrigos y zapatos,
pero andas desnuda.

De repente te das cuenta de que eres muy pobre.
Tienes dinero en la cartera y un piso en propiedad,
pero eres muy pobre.

Tan pobre
como la hormiga que camina
sobre la gigantesca palma de tu mano.
Igual que las minúsculas estrellas
que tiemblan allá lejos
en la noche de junio.

POEMAS DEL AFILADOR

I

Ni tan siquiera el hueco del lugar donde estuvo.
Ya no queda ni antes ni después ni detrás ni delante
de la casa, de aquella casa única
donde naciste y donde moría tu familia.
Ni tan siquiera un metro cuadrado de pasillo,
¡un metro únicamente
equivaldría a una eternidad!

Solo eso reclamas,
el quicio donde acuerdan
el tiempo y el lugar su prodigio posible.
Cinco minutos o incluso alguno menos,
mejor al mediodía:
tu madre pensativa frente al espejo del tocador,
tus hermanas absortas
cepillando sus melenas larguísimas,
tu padre que aún escribe en un cuaderno blanco
con su tinta invisible
y mientras tú muy quieta, en medio del pasillo,
sin saber si ir
o venir.

El viento detenido en el alféizar
y la ropa tendida sobre el aire como la alfombra de
    Simbad.

Solo el regreso del afilador,
con su música hermana de lo eterno,
podría acompañar ese instante perenne,
anclado
en el vacío.

2

Las manos de tu madre,
no había manos suaves como aquellas.
Incluso cuando se enfadaba
y te observaba con severidad,
sus manos desdecían la aspereza de su ceño fruncido
con su tacto de pluma.
Nadie como ella supo dar la pomada,
vencedora absoluta de las fieras heridas,
y nadie como ella
sabía acariciarte en las tardes de agosto
cuando el bochorno soñoliento pugnaba con sus manos
para darte cobijo sobre el sillón de enea.
De anciana aseguraba que ya no era la que fue
porque le habían salido manchas oscuras en las manos,
que sin embargo seguían encerrando la suavidad de los
    pétalos
entre venas azules.

Mas llegó el día triste. Llegó
con sus labios de mármol
y un saco de ceniza.

Entonces sucedió:
las manchas de las manos de tu madre se habían borrado
como se borran esas nubes que estaban y no están.

Los últimos murmullos, los últimos lamentos,
los últimos suspiros…,
hasta la luz que se asomaba a la ventana
acudía a su última cita.
Y mientras tú, callada, cavilando,
inmersa en la blancura de harina de sus manos
recién salidas de la maravilla.
Justo en el momento en que ya no iban a acariciar más
y para siempre.

3

Tenías once años.
Casi acababas de cerrar los ojos
cuando viste a tu padre entre la multitud.
Venía hacia ti con un ramo de rosas.
Con un ramo de rosas fragantes, él parecía viejo sin
embargo.
Había perdido la corbata y le quedaba ancha la cha-
queta.
Pero era tu padre,
el mismo que decían que *había fallecido* dos meses antes,
el mismo que venía hacia ti sonriendo
con un ramo de rosas
desde un lejano territorio
habitado por crisantemos y ataúdes.

Ahora ya no te es fácil
rememorar los rasgos de tu padre en el sueño,
más de cincuenta años han pasado.
¿Podrás reconocerle si regresa,
entre el hoy y el entonces,
con su ramo de rosas?

ESCRIBIR UN POEMA

I

De nuevo me da vergüenza
reconocer que escribo mis poemas.
Diré que los escribe
alguna amiga mía, una vecina
o la vecina de una amiga mía.
Diré que no soporto su solemnidad
y menos todavía sus lamentaciones,
que muestro estos papeles
porque quiero quitármelos de en medio
¡por fin!
y caminar sin peso hacia ninguna parte,
libre,
sin versos, sin amor, sin soledad
y sin amigas.

2

He soñado que había un incendio y unos avisaban a los
  otros.
Era de noche y me llegaba el eco de sus voces
repetido por el altavoz del silencio: ¡Fuego! ¡Fuego!
¡Levanta de la cama!, ¡corre!, ¡corre!
Ninguna de esas voces me era familiar.

Y yo permanecía arrebujada
en mi sábana sola,
rígida, inmóvil entre el humo,
dispuesta a intoxicarme
sin ni siquiera abrir los ojos,
como protesta por ese abandono.

Pero me levanté
unas horas más tarde,
con dolores de espalda.
Y aquí estoy
escribiendo
como todos los días.

Estás, ¡oh, amiga!, conmigo.
Cuánto me gustaría que observaras,
tú que tanto presumes de extraños saberes,
la sombra que se interpone entre mi vida y el espejo.
Que dijeras que sí
o que no.
Pero tú nada dices
de mi ascensión diaria hacia una cumbre
donde me espera únicamente
otra cumbre más alta.
O como mucho
me ayudas a subir otro escalón
de los que me aproximan a la muerte,
mientras ella reparte sus castañas.
¡Ah, nuestra amiga
común!

El sol sale y se oculta
como un lacayo fiel, meticuloso.
Bajo la claraboya, eso es lo que vemos.
Mas yo, con los dedos tiznados por la tinta y las cáscaras,

sigo escribiendo versos
que caen desperdigados sobre los peldaños.
Y mientras miro de reojo
con aire distraído,
me pregunto si sabes quién vendrá a recoger,
abandonado en un rellano,
el viejo talismán
de mis versos perdidos.

4

He vuelto a leer unos versos que había desechado.
Recuerdo que me habían parecido artificiosos
una vez
y torpes
otra vez.
Los había escrito demasiado deprisa
o quizá demasiado despacio.

Pero al releerlos
me he dado cuenta de que decían la verdad.
La verdad es muy torpe y puede parecer artificiosa,
eso lo saben todos los poetas
aunque guarden con celo su secreto.

Mejores son aquellos que un día deseché
–me digo mientras leo los que estoy escribiendo–,
andaban apoyados en su tosca cachava,
mas resonaba entre sus sílabas el eco
–entonces aún reciente–
del nombre que escuchaste en un edén.

Así eran de torpes,
torpes y artificiosos como la vida de cualquiera.

5

Se acostó sobre su cuerpo cansado
como una bandera vencida.

Eres ingeniosa –se dijo–,
si no estuvieras agotada,
quién sabe si estos pensamientos
no acabarían siendo versos de un poema tuyo.

Pero apagó la luz
y el silencio le contestó que prefería olvidarlos.

6

Tú nunca escribirás sobre los lobos
–no acecharán tus versos sus colmillos–
ni añorarás las islas de corales
en una noche atroz
en donde la belleza
no ocultaba el peligro, el asombro y las fieras.

No escribirás del hambre ni del frío
apenas atisbado desde la cerradura,
tampoco del amor de los caballos,
tristes y esbeltos en sus cuadras,
pues solo los has visto en las películas
cuando sobre sus grupas
otros galopan inmortales.

Del nacimiento y de las despedidas
podrías escribir,
de la melancolía y del remordimiento
podrías escribir,
mas de la muerte no,
no todavía.

No metiste la mano en la ceniza
por temor a perder alguno de tus dedos
ni has mirado de frente hacia los ataúdes
nunca;
pues siempre interpusiste de soslayo
una sombra que luego recogías
lo mismo que la carta del muerto se recoge,
escrita con la sangre de su pluma.

¿Debiste haberlo hecho?
Quizás en ese caso
hoy hubieras podido hablar sobre los lobos,
hablarías incluso
sobre los miembros congelados
de los exploradores de la Antártida
cuyos dedos señalan las estrellas
antes de haber anochecido.

De la proximidad de los felinos,
suave y amenazante al mediodía,
e incluso de los sapos que esperan en las charcas
la llegada de un ángel
podrías escribir.

Sí, podrías escribir de todo eso
porque todo eso cabe
en los versos de alguien que ha vivido.

7

Este niño desea ser poeta.
Él no lo sabe aún, pero lo dice
cuando asegura que su oficio
será el de escribir cuentos,
pero solo comienzos de cuentos.

Eso es un poema,
un cuento que no avanza,
detenido en el érase una vez,
donde todos se sumen en la noche del bosque,
donde nadie regresa cargado de tesoros,
donde nadie se casa
porque nadie concluye su aventura.

Pero hay una lucha
incesante,
pero hubo una herida,
pero hay un amor,
pero hay
esperanza.

Y unas perdices sabrosísimas.

8

Un verso debería prolongarse años muchos
muchos años
y cielos y caminos y no terminar nunca de
caer como la flecha que se lanza y no regresa un verso no
debería detenerse no debería rendirse ni
dejarse conquistar por el silencio pero los poetas
se cansan
de tirar de la cuerda y
buscan excusas mientras abandonan
las sílabas diseminadas sobre el prado por eso
el manantial se seca y las palabras
al fin desaparecen
entre el vuelo ilusorio de los pájaros.

9

Me ha despertado el viento ansioso en la ventana.
Golpeaba con saña los cristales,
parecía aterido de miedo y soledad.
¿O quizás asombrado de su fuerza imprevista?
Pero el viento no deseaba ni arrancar su flor al pensa-
    miento
ni asustar a ninguna otra planta del balcón
y menos a las palomas que incuban huevos sobre las
    macetas,
ni a las abejas ni a las hormigas ni a las mariposas
que pululan en la oscuridad como minúsculos fantas-
    mas.
Lo que quería el viento era abrir nuestros párpados
y descubrir lo que hay debajo
del sueño de los hombres:
por eso decidió sacudir las sábanas tendidas
y voltear al gallo que dormitaba en la veleta.

Yo sentí algo distinto al miedo de morirme de repente
o de morirme poco a poco,
una inquietud que me incitaba a preguntarme

de dónde vendrá la luz que no me alumbra,
esa que se estremece entre la cera de la vela apagada,
la misma que me impulsa a levantarme y sentarme a
  escribir.

Mis pasos en la oscuridad
sin duda los ha oído el furtivo visitante,
quizás le estremecieron con su ritmo crispado.
¡Pobre viento!
Ha amainado de pronto
y ha vuelto a recluirse
en su jaula de aire.

¿Qué nos puede asustar a nosotros del viento
si escribimos su nombre en un poema
con letras cinceladas,
igual que una inscripción sobre una tumba?
Eso pensaba yo con mi pluma en la mano.
Y el viento, que entiende más de lo que imaginaba,
se ha ocultado detrás de los edificios de hormigón.
Quién sabe si es ese el motivo
de que en las noches de borrasca
me sienta salvadora de las especies de la tierra
que tiemblan cuando el viento
se levanta y sacude.

10

Dicen que los poetas aman las palabras.
¿De verdad aman las palabras los poetas?
¿No saldría esta frase
de los labios de un viejo rapsoda mentiroso?

Quizás hubo un poeta,
¡hace ya tanto tiempo…!,
que con barro en las uñas
imprimía sus trazos con amor
sobre una tablilla
sostenida en la palma de la mano,
lo mismo que sostiene su llama con delicadeza
una vela encendida.

Pero hoy –bien lo sé–
muchedumbres ingentes de poetas
batallan a diario con los nombres indómitos
hasta caer rendidos.
Si llenan sus cuadernos de palabras
es porque no sabrían sostenerse en el vacío sin renglones.

Lo que más llama la atención
es que todos se duerman cada noche con la misma es-
    peranza:
despertarse soñando sobre la blanda almohada
del poema.

II

Este es el peligro del poeta que calla:
puede que las palabras le abandonen,
le abandonen, bandonen, donen, onen…,
y su cenit
sea el mudo latir de un corazón baldío.

Que solo permanezca
en la mudez helada del invierno
el eco repitiendo que el poeta está solo
está solo, tasolo, solo, olo…
dentro de un laberinto sin cadencia.

¿Y adónde regresar sin un hilo de voz que nos guíe?
¿Y qué pan le daremos de sustento al silencio
que no sepa a corteza y a oquedad
si de aquello están llenas nuestras manos vacías?

Deberías hacer un propósito: comenzar cada día un
   poema.
Te lo dice una íntima voz
con la solemnidad de quien repite
la máxima de un sabio presocrático.

Para comenzar un poema
siempre hay un motivo:
quizás hoy el sol no consiga
vencer la terquedad
adusta de la niebla
y se te inunde el día con su bruma mohosa
–ya sabes que para el moho del alma no hay mejor re-
   medio
que un poema inconcluso–
o puede que te crezca en el estómago
la flor de un nuevo amor
enraizada en la tierra de tu vieja maceta
o mientras lees el periódico
te asalte la mirada de este niño soldado
que posa sin saberlo en la última página

o sueñes que te acusan de un delito que no has cometido
o quizás te despiertes con una frase entre los labios
cuyo sentido te sea completamente ajeno
o puede que no recibas el mensaje que esperas
o que sí lo recibas
o que contemples cómo se desploma
desde aquella ventana,
con los brazos abiertos,
esa mujer desconocida que se parece tanto a ti.
¿O acaso estarás triste porque de nuevo has comprobado
que nadie lee lo que escribes?
Eso podría suceder.
Pero todos los días
deberías dejar un poema inconcluso
para que sigan rondándote los cortejadores.
No es que sea seguro,
mas ¿quién te dice que ya no es posible
que Ítaca aguarde aún
y que un héroe de Troya
llegue a dictarte su poema?
¿O únicamente un verso para decir adiós
a aquellos compañeros de tu vida secreta
que no llegarán nunca a contener
tu densa soledad
entre sus sílabas?

ESO NO SE DICE

I

No me gustan los joviales que aconsejan
la terapia de la risa a los enfermos.
No me gustan los que ayudan a morir a los otros
en paz
y luego eligen sopa de calabaza en el restaurante.
No me gustan los que obtienen un sobresaliente cum
    laude
en su tesis sobre la inevitable extinción de los pueblos
    indígenas
y lo celebran rodeados de amigos y familia.
No me gustan los que leen el Libro de los Muertos
y no tiemblan de frío.
No me gustan los que se hacen fotos en la tumba de
    Kierkegaard.
Prefiero a los que tropiezan con la tumba de Agamenón
¡y cómo se emocionan,
incluso si no han leído ni un verso de la *Ilíada*!
Esos sí que son gente de fiar,
no llevan una navaja con la que desbrozar los bosques,
por allí donde pasan
su rostro vuelve herido.

No me gustan los que discuten del bien y del mal con
    los reptiles,
ellos tornan a casa inmaculados.
Prefiero a los que se dejan engañar
y prueban la manzana prohibida.

2

Los jóvenes no temen el paso del tiempo.
Sueñan con que un amor borrará sus desdichas
y piensan que cada día es el anuncio de un nuevo co-
    mienzo.
De verdad, los jóvenes no son nada perspicaces,
creen que sus dientes nunca se pondrán amarillos
y que sus ojos verán siempre
un rostro amigo allá en el horizonte.
Los niños y los viejos, sin embargo,
poseen la frescura de la yerba que aún no ha crecido
y la dúctil prudencia de la que ha sido ya pisoteada.
Entre unos y otros ablandan el camino.

Los jóvenes avanzan
convencidos de que la tierra es plana.
Los relojes les mienten solo a ellos,
afilan sus agujas
y las clavan sobre su carne mientras están dormidos.
Pero cuando se bañan en el río del tiempo,
ondulados y tersos como ruedas de oro,

alcanzan sin saberlo esa grandeza de la juventud
donde no se distingue ni senda ni destino.

Entonces
el sol ensimismado en su órbita blanca
olvida la misión que se le había encomendado.
Se detiene a mirarlos.
Y los jóvenes ríen
sin ver sus rostros limpios
cegados por el reflejo de la luz en el agua.

3

¿Qué hubiera sido yo
de haber nacido hombre?
No lo había pensado.
Ahora que lo pienso,
hubiera deseado tener brazos robustos para ser le-
  ñador
o cargar con las jaulas de fruta recién cogida de los ár-
  boles
o levantar tejados de madera
o manejar la grúa que es más alta que el viejo teatro.
Me hubiera gustado conducir los rebaños hasta los
  prados verdes
y esquilar las ovejas cuando llega el verano.
O mejor todavía,
de haber nacido hombre
me hubiera apuntado a la lista proscrita de los fora-
  jidos:
Robin Hood o Ivanhoe
y sobre todos el Corsario Negro,
ellos fueron sin duda los mejores.

Mas los hombres comunes,
¿cómo es que aceptan de buen grado
la imagen que se asoma a su espejo doméstico?
Y tú –oigo que me pregunta mi voz más hombruna–,
¿por qué razón te has conformado
con no descorrer nunca las cortinas?,
al menos por un día, una hora, un minuto...
¡Hubiera sido tan sencillo
cerrar los ojos un instante
y saber que ya tienes la fuerza suficiente
para tensar la flecha del carcaj de Odiseo!

Mientras Penélope dormita,
imaginar que soy uno de ellos
sin dejar de ser yo. –¿De qué te ríes?,
seguro que me habría preguntado mi voz cavernosa.
Y yo le hubiera respondido:
–Me río de tus viajes sin brújula,
de tu regreso con los bolsillos llenos de monedas,
oliendo a alcohol barato, decepcionado
por no haber encontrado tu mina de oro.

Después de esta respuesta tan propia de la bruja
que en la hoguera del tiempo se consume,
decido empuñar aquella mano sin espada,
expuesta al huracán de las traiciones,

con la que siempre he escrito mis poemas,
y elijo para bien y para mal
mi horma de mujer.
Pero sin olvidar qué hermosa relucía
la hoja de mi Excalibur
a la luz de otra patria inadmisible.

4

Un día mi buena amiga se distrajo,
llenó la cesta de la abuela de flores
y se fue calle arriba,
sin despedirse ni tan siquiera de su madre.
Anduvo por callejones solitarios
y bulevares bulliciosos
llenos de gente sonrosada,
apetitosa como una merienda en la yerba.

Tanto tardó en volver
que dieron en decir que un lobo la había devorado.
Un cazador halló entre las vísceras de la bestia temida
un trozo de fieltro rojo y dos gritos de horror.

Cualquiera comprenderá que a su regreso
nadie le perdonó que hubiera desatendido sus obliga-
    ciones.
Dijeron que ya no tendría nombre ni caperuza ni re-
    lato,
que ni siquiera era merecedora
de morir devorada.

Ella lloraba amargamente
pensando en las maravillas que habría disfrutado
si hubiera proseguido su camino inaudito
en vez de regresar a la boca del lobo.

5

¡Qué hermoso luce el polvo sobre los muebles del cuarto
  de estar!
Sobre los lomos de los libros
y sobre el aparador e incluso dentro del armario.
Aquí, sentada,
en mi sillón de orejas familiar,
el mismo donde se sentaron mis antepasados,
que hoy ya no son más que ceniza debajo de la tierra,
veo los muebles polvorientos y me siento tan afortu-
  nada
como aquellas polillas que pululan
golosas
entre la lana de las viejas cortinas.

¡El polvo! ¡Oh, gran amigo
infatigable!
Espero que siempre me acompañes
en mi camino por el mundo,
y cuando me convierta
en ceniza yo misma,
arrojada al abismo polvoriento

del olvido feroz,
sigas posándote sobre las páginas de la memoria hu-
mana,
desafiando a la curia de los plumeros infernales.
El polvo,
pecador reincidente,
obcecado
por los siglos de los siglos.

COPOS DE NIEVE
Oración

Han
llamado a la
puerta. / Abro. No
hay nadie en el umbral.
/ Distingo únicamente /
a lo lejos la espalda del
Invierno, / salpicada de
copos de / Nieve.

Gracias,
Nieve, / Señora
de la Igualdad fraterna,
/ niveladora de todo lo que
existe: / la buganvilla, la señal
de tráfico, / la vieja camioneta y el
moderno automóvil. / El tesón de
tus copos desdibuja perfiles, / hoy
Nadie es más que Nadie, / ya
todo forma parte / de tu
blanco designio.

nievenievenievenievenievenievenievenievenievenievenieve
nievenievenievenievenievenievenievenievenievenievenieve

Gracias,
Nieve, / Señora
de la Victoria sobre lo
distante, / que acercas el
Horizonte hasta mis pies. / Al
despertar he descubierto / que,
por tu intercesión, allí es aquí: / la
cumbre de la montaña ha bajado
a mi calle. / En el número 7
del Infinito vivo yo, /
envuelta en nube.

Nieve,
/ Señora
del Silencio y la
Contemplación, / que te
derramas sobre un mundo
ensimismado. / Míranos con tus
ojos de cierva invulnerable, /
mientras el grito se detiene en
la garganta / y el pájaro
silente / frena su vuelo
sin caída.

nievenievenievenievenievenievenievenievenievenievenieve
nievenievenievenievenievenievenievenievenievenievenieve

Nieve, /
S e m p i t e r n a
Señora / del Tiempo
detenido, / que vendas los
arañazos de las agujas del reloj / con
el quieto algodón de tu misericordia. /
Si me preguntas por Aquellos te diré /
que su sueño cobija tu gélida
blancura: / Nada altera su inerte
eternidad, / los muertos no
despiertan / cuando
n i e v a .

A s í
s e a   p o r
siempre. / Y amén
por quien no eres, /
por tu olvido, Nieve,
/ Sagrada y Fiel /
desesperanza.

nievenievenievenievenievenievenievenievenievenienieve
nievenievenievenievenievenievenievenievenievenienieve

CADENCIA DE LA COMPASIÓN

I

Ni los gritos que chocan contra el oleaje
ni los cuerpos que brillan en la proa
ni el aullido del barco cuando se parte en dos...
Del desastre del Titanic
no es eso lo que me conmueve en absoluto.
Oigo el relato del naufragio
con la misma parsimonia con que contemplaba
una tarde de octubre la ciudad de Pompeya,
sin emoción ni espanto,
extasiada en su espejo detenido.

Hay algo, sin embargo, que todavía me estremece
cuando oigo contar el hundimiento del Titanic,
algo que me obliga a detenerme, algo
que amenaza con ahogar la beatitud
de todos mis océanos en calma.
No me refiero a ninguna inquietud metafísica,
me refiero a algo tan concreto
como los candados de hierro
con los que encerraron a los pasajeros de tercera
para que no intentaran alcanzar los botes salvavidas.

Eran pobres
y los pobres siempre son demasiados.
Me refiero
a que se condenara a tantos niños,
todavía calientes, con su sueño aturdido,
a ser acuchillados por el filo
del gélido oleaje.
Me refiero a que las vidas de los inocentes
finalizaran con la revelación
de que habían vivido rodeados de hienas.
¡Oh, que todos se ahoguen junto a mis dos hijitos,
que ninguno se salve!,
clamarían las madres de vientre congelado y brillantes
    escamas de odio.
Aún oigo sus gritos.
Toda la humanidad mereció haberse hundido
culpable
de haberles abandonado a ellos,
¡tantos!, ¡tantos!,
tan solos tras las rejas,
en el sótano ciego de los miserables.

¿Comprenderéis ahora por qué mi indignación es tan
    aguda
aunque no estuve allí?
¿O sí que estuve allí?

¿O quién susurra ahora
que yo hubiera subido a uno de los botes?
¿O qué voces me dicen que yo sí que he subido a uno
de los botes?
En otro caso,
¿por qué razón aún oigo tan de cerca
los ayes desesperados de los pobres ahogándose?
¿Es por eso por lo que no soporto saber lo que sé,
que los pasajeros de tercera se ahogaron de horror y de
rabia
antes de que las aguas inundaran el Titanic?
Y que mis ojos en un rostro impasible que aún no era
el mío
contemplaron cómo el barco se abría
y era tragado por las olas.

2

Tuve una amiga santa de verdad.
Y para demostrarlo
comenzaré contando alguna de sus buenas obras.
Tenía una trenca de piel que me gustaba.
Se lo dije, que vaya trenca maravillosa que tenía.
Y para mi sorpresa, se la quitó al momento
como un oso polar que se arranca la piel
por abrigar a su osezno aterido.
Sí, quería regalármela allí mismo.
Hacía mucho frío, hablábamos en medio de la calle,
la veía temblar como una vela a punto de apagarse.

En ella era normal realizar estos gestos,
a otros regaló todos sus días uno a uno.
Fue llenando contenedores con sus minutos y sus
    horas,
cientos,
miles…
Los enviaba sin remite a un único destino:
LOS POBRES DE LA TIERRA.

También hizo milagros, tantos…
pero os voy a contar únicamente
el milagro del que yo fui testigo.
Hace más de diez años que murió,
yo misma fui a su entierro.
Días más tarde,
en medio de la plaza,
la encontré paseando con su trenca de piel.
Tres veces me ocurrió.
Corrí hacia ella las tres veces
con la misma esperanza en los ojos
y en las tres ocasiones
comprobé que era otra quien me miraba sin recono-
    cerme.
¿Quién era? ¿Una mendiga?
¿O quizás tres mendigas
a las que había regalado su trenca de piel?
Sin duda se aparecían para demostrarme
que ella seguía haciendo sus prodigios.

Y ahora, mientras escribo estas palabras,
la distingo de nuevo caminando
sobre el blanco nevado del papel.
No siente frío porque sus pobres la rodean,
los mismos que en su vida le dieron calor,

aquellos pobres suyos a los que vestía y daba su ali-
mento.
Entre ellos estamos nosotros. ¡Vuelve!,
le gritamos ateridos de frío,
¡vuelve a darnos cobijo!
En otro caso,
seguiremos temblando debajo de las mantas,
porque el mundo es más frío sin ella,
de eso sí doy fe.

3

El sol en el otoño se asemeja
a un regalo del cielo.
Me refiero a este sol compasivo
que acaricia la espalda levemente
y te cierra los párpados con sus dedos de luz.

Mas el sol no ha salido para todos,
como nunca derrama para todos
el invierno sus copos de nieve.
La nieve cae para la flor del pensamiento
crecida de milagro en su trono de aurora.
Y este sol otoñal
salió para los laboriosos
como el conserje que espera el autobús de madrugada
con su uniforme abotonado.

¿Saldrá o habrá salido alguna vez
este sol para mí, de primavera?
Únicamente el tiempo,
cantarín y veloz igual que un mirlo,
con su trino responde a mis pesquisas:

el día en que el sol salió para ti
te estabas abrochando las sandalias
con las que habrías de pisar el prado de amapolas.
Eso fue una vez.
Y otra vez:
subías encorvada las escaleras de la clínica,
despacio, porque iba a nacer un hijo tuyo…
Fue entonces cuando cayó sobre tu espalda
aquel benigno sol que siempre has añorado.
Sus rayos te dejaron prendido entre los pliegues de la
    blusa
un talismán bañado de misericordia.
Es ese talismán el que te guía con su brújula exacta
cuando sigues el rastro de la luz apacible.
Allá,
donde no llegan los galgos más veloces,
acá, sobre la encrucijada
del hallazgo insumiso, intermitente.

4

Huir –¡cuán bella esta palabra!–, dejar
como única herencia
el vacío habitado por una sombra encadenada.

¡Ya rompió sus grilletes!,
¡qué bien huele la tierra para el buen escapista!,
dan ganas de besarla,
envuelta en el aliento de la noche que duerme.
La noche sin penumbra, esa noche inaudita,
libre ya de sus rejas de tiniebla,
mágica, inasequible: la yerba siempre fresca
y el cielo siempre azul.

Mas miradle, ahí está,
hoy brilla su inocencia en el alba perenne.
Para el buen escapista no hay pasado ni culpa,
es un recién nacido,
le crecen las escamas mientras salta las olas,
sus brazos se confunden con las ramas zarandeadas
    por el viento,

se ocultan entre las plumas de los pájaros
y su vuelo convierte cualquier destino en más allá.

Todos hemos soñado con escapar un día
del miedo y sus relojes,
y no volver a vernos
morir,
mientras el bosque nos reclama
con el clamor de vida que no reflejan los espejos.
Atravesar el lago
en las dos barcas blancas
cuyos remos señalan otras cumbres.
Sin dirección, sin manos
y sin remordimientos...
¡Libres!
al fin.

Lesbia perdió su gorrioncillo
y Catulo escribía los versos de su pena.
Ella, en cambio,
escribe sus propios versos al gorrión adorable
al que animó a volar una mañana igual que esta.
Aún no estaba segura de que fuera real
cuando lo alimentaba con ternura
—su regazo era su casa—
hasta que hundió su pico y la mordió
y sintió que le daba placer ¡y cuánto!
atusar su plumaje mientras se alimentaba de su sangre.
Tardó en encontrar fuerzas para arrojarlo más allá,
tan lejos como la flecha que persigue
su blanco disfrazado entre la niebla.
¿Ahora?
Ahora no le es dado saber si habrá sobrevivido,
aunque sienta su buche tan cerca
y tan lejos como los sueños que se desvanecen
nada más despertar.
También percibe su proximidad algunas tardes
cuando al caer del sol

el mundo se incorpora
y abandona su sombra tendida en la tarima.
¿Qué habrá sido de ti, mi buen pajarito?
Espero que no sea encima de tu tumba
donde Lesbia la bella, la inconstante,
llora desconsolada todavía.

6

¿Y cuántos han saltado esta noche la verja?
¿Cien? Ah..., entonces
dormiremos felices
cien jóvenes intrépidos y desesperados
y una sexagenaria que imagina sus cuerpos vigorosos
mientras coloca su cabeza debajo de la almohada
–es así como le gusta dormir,
boca abajo, escondida–.

Pero al cerrar los ojos,
el mapa de la desdicha con sus ríos de sangre
se dibuja en sus torsos desnudos,
y ella se despierta
queriendo reparar con su insomnio
los arañazos de las concertinas.

Hasta el día siguiente no lee en el periódico
que cien subsaharianos han saltado la verja,
y vuelve a sonreír ante su atlética osadía.
Luego les da su bendición
mientras elige una pulsera y unos colgantes de coral.

Entonces
una niña atraviesa veloz con sus patines
la calzada vacía.
Grita sin detenerse
que alguien debería haber amasado durante la noche
un pan tan grande como el mundo.
Sí –contesta ella–,
un pan reparador, redondo y absoluto,
amasado con la harina que emana
de sus cien, de sus cientos de miles de miradas opalinas.
Sí –repite–,
su agonía de ángeles abatidos sin culpa
merecería un pan y una corona de blandura.

Eso es lo que reclaman los cuerpos que se estrellan en
    los acantilados,
cuerpos de faraones
con almas que renacen
al asomar el sol que ante ellos se inclina.
Cuerpos
que un día volverán
a buscar su tesoro hundido en el océano.
¿Qué tesoro?:
su condición de humanos
merecedores de resucitar de entre los muertos.

ENTRE NOSOTROS

I

¡Qué rápido
pasó el avión sobre la multitud!
En su estela los gritos, el aplauso, la emoción conte-
nida...
Era el Plus Ultra
que cruzaba el océano por primera vez.

Allí estuvo una niña con delantal de rayas
muy cerca de un muchacho
que ese día estrenaba su primer sombrero.
Entre las nubes aquel perfil metálico
veían ambos que desaparecía.

Ninguno de los dos
sospechaba que llegarían a contar al unísono
que estuvieron allí sin conocerse
los padres de mi amiga
juntos
en la Plaza Mayor.

Y ella,
¿dónde estaba?
Tan lejos
como la estela
del avión
alejándose.

2

(nacimiento)

En áspera corteza convertida
la mansión de la carne.
Alrededor umbrío, oscuridad sin resplandor.

Allí comenzó el tiempo,
con aquel grito ahogado.
Mas el hilo invisible de la voz
te condujo al final del laberinto.

Sin nombres, los sonidos
en el olvido reverberan,
pero la voz empuja,
empuja hacia el estrecho
túnel
de los angostos y esforzados.

No sabes todavía lo que es un destino
cuando atisbas la puerta donde todo concluye.
¿Clausura o fundación?

¿Aliento o frialdad?
¿Vida
o muerte?

Por vez primera
abandonas tu otro corazón
en la penumbra.
Ahora ya vas a ser,
ahora vas a dejar
huella.

¿El sueño de la levedad?
¿La aventura del vuelo?
 Memoria sin pasado.

Comienza
la cuenta
atrás.
Y ya has nacido.

3

Cuando llaman a aquella que dicen que eres,
tiembla (a veces)
si es que la llaman Esperanza.
Esperanza es el nombre de una ola que roza
lo más alto del aire
y alcanza el horizonte, esa línea
que marca la frontera
de lo real y lo soñado.
Y esperanza es el gesto de abrir una mano para ver si el
    azar
ha dejado su huella encantada. Podrían
haberla llamado Concepción o Consuelo
o Amparo o Soledad...
¿Quién fue el que adivinó,
desde qué siglos
–no lo sé
cuán lejanos serían–,
que ella preferiría que la llamaran Esperanza?

4

Mi padre nos llevaba todos los veranos
a una cueva escondida en la montaña.
Al entrar
encontrábamos siempre pintados en el techo
idénticos bisontes
porque los hombres primitivos
todos los inviernos dibujaban lo mismo.
Llovía sin cesar
a la entrada y a la salida de la cueva.
Yo me preguntaba con qué se protegerían de la lluvia
hace miles de años
antes de que se hubieran inventado los paraguas.
Y comentaba en alto mis reflexiones
porque había comprobado que hacían reír.
Todos reíamos debajo de aquellos bisontes
como los hombres primitivos
cuya risa parecía resonar en la nuestra
dentro de aquella cueva tan antigua.

Hoy sabemos que las pinturas rupestres son obras de
   arte

que hay que preservar del aliento y las risas,
por eso las autoridades han cerrado las cuevas.
Mi padre
se internó hace ya muchos años
en el recinto oscuro y silencioso
donde los muertos conviven con los cavernícolas
y dibujan con ellos en un invierno interminable.

Yo lo lamento por mis hijos y mis nietos
y mis biznietos y mis tataranietos
que no recordarán haber reído,
como reíamos nosotros
todos los veranos,
con una eternidad a nuestra espalda.

5

En mi casa vivían tres hermanas
igual que las tres princesas de los cuentos.
Y una a una partieron en busca de aventuras.

Mi madre se preguntaba la razón
de que se hubieran levantado de la mesa
tan deprisa,
sin haber terminado de cenar.
Y es verdad que era extraño,
pero algo las empujaba en medio de la noche
a asomarse al ventanuco de lo desconocido;
así aprendieron el nombre de cada estrella
y descifraron los mensajes que les enviaban
desde otros planetas.
Sin embargo
algún fallo de cálculo debió de haber
en la cartografía de las ensoñaciones,
pues ninguna alcanzó el destino esperado.

La historia no tiene nada de particular:
el firmamento oculta innombrables secretos.

Con los huesos cansados
un día regresaron de sus viajes interestelares.
Todo permanecía como antes de partir
menos la silla de mi madre
que estaba vacía.

Así es y será siempre el Universo.
La vida pequeña y el afán
infinito.

6

Una niña
deambulando en un páramo vacío.

Una niña
que un día avistó un muro
confundido entre nubes detrás de la montaña.

Cuando estuvo muy cerca
comprobó que no había escaleras
y pensó que debía esperar.
Esperar
hasta tocar el cielo con los dedos.

Con el tiempo,
al ver el cielo cada vez más distante,
decidió no mirar hacia arriba.

Cada día más cerca,
viene el muro hacia ella
arrastrado por el imán de su mirada.

Hasta que esté segura de una sola cosa:
la noche llegará
y no tendrá que alzar los ojos
para ver que se cierra la última ventana.

7

Hermana, ¿cómo voy a negarme a ir contigo al con-
   cierto
si ataste los cordones de mis zapatos nuevos
y me diste a beber de tu vaso más limpio,
si secaste mi falda mojada, si fuiste
mi hermana mayor
y sabías guiarme por las calles angostas
hasta la casa nuestra que no existe?

Iré contigo a ese concierto, claro está.
Y mientras vemos cómo nada el violín entre recuerdos
sumergidos,
se me irá el alma al cielo
y tú me advertirás con la mirada
que ya no es nada fácil para ti
subir a rescatarla como entonces.

A mi alma fugitiva,
que por mí misma acabará siendo alcanzada,
la sentaré a tu lado,
y antes de que comiencen los aplausos

estarán las dos juntas bajo la bóveda de pluma
en donde vimos la primera aurora.
Allí donde aún pervive
el secreto de nuestra infancia amenazada
que el temor no ha dejado que olvidemos del todo.

8

A los niños les extraña que sus abuelos hayan sido jó-
    venes
y se preguntan si será verdad que sus padres fueron ni-
    ños como ellos.
Sin duda es eso lo que piensa
el que sentado en mi regazo
observa el viejo álbum de fotografías.
Yo le animo a que se asome a la ventana.
Precisamente ahora
una grúa alza en vilo
el tronco de un árbol que acaba de talar la sierra gigan-
    tesca.
Pero sigue mirando más allá.
La grúa se detiene
y él suelta a bocajarro:
yo también seré papá y seré abuelo y seré... Y de súbito
    calla.
Se acaba de dar cuenta de que mientras hablamos
sus pies están posados sobre el aire
y sus manos prendidas a una nube.
Pestañea,

la grúa reanuda su afán incesante.
Cuando vuelve a mirarme,
falta una luz entre los cientos de luces de sus ojos;
es la luz que la mano del miedo
ha apagado al rozar su mejilla.
Ahora son más hondos
y más humanos esos ojos,
reflejan
el final presagiado del tiempo transparente
que aún rueda entre sus dedos
como una pequeña
canica.

9

¡Qué tontería!
que tú repitas ese tópico
de la raíz y el crecimiento.
Eso es lo que dice
una de las dos voces de la tierra
mientras da vueltas mareada.

Y se encojen de hombros
mis dos pequeños compañeros.
Hoy poco les importa
que la tierra sea redonda como un queso
o plana como una torta de maíz.

–Mañana llegaremos allí,
dicen mientras señalan una peña
en la línea azulada de un posible horizonte.
Les contesto que sí,
que otro día será
cuando arribe aquí mismo su barco encantado.

Y los tres nos ponemos a canturrear
mientras los pies se hunden en la arena
y los ojos escapan allá allá allá
al mañana ensoñado.

Ellos corren los dos
a la vez,
uno detrás
del otro,
uno delante
del otro,
mientras las olas los llaman por sus nombres
en la lengua anterior al comienzo del mundo.
Sus pies en movimiento
sí que sabrían traducir esa lengua,
pero aún no desean pararse y escuchar
lo que el tiempo le dice a la marea:
«Es verdad que la vida
viaja en tus remolinos y en la espuma se mece,
dúctil como esa concha que en la orilla descansa».

Los niños crecerán mientras olvidan
que el don de la inocencia
aquel día los hizo invulnerables
–la belleza es la forma
que adquiere esta victoria sin combate–,

pero yo sé que siempre,
por muy altas que alcemos sus murallas,
la marea destruye los castillos de arena.
Pero yo sé que nunca
volveremos a andar este camino.

10

¿El futuro?, ese túnel
cada vez más oscuro,
cada vez más estrecho.
Y la avidez de vida que, ¡ella sí!, avanza
marcando el paso,
mas sin abrir camino.
¿Final?
¿La luz regresa?

¿Con qué ojos
vas a mirar aquello que no eras,
lo que querías ser y todavía añoras,
el anhelo de un tiempo
–tu tiempo–
no vivido?

FOSA COMÚN

I

Los hombres son los ríos que van hacia la mar.
Entre el gris cenagoso
avanzan con cuidado de no resbalarse
y comentan lo incierto que es su camino.
Así hasta que ingresan en el oleaje
perpetuo, indiferente a su destino de desesperanza.

Días hay
en que la marea devuelve los muertos a la orilla
para que recuperen
solo por unas horas
su vieja juventud.
Sus voces
saltan, ruedan y ríen
entre los pies desnudos
con el bullicio de los niños cuando les dan las vaca-
    ciones.

Y al descender la tarde,
mientras la espuma se retira fatigada,
las voces de los muertos se hunden en la arena

ante la indecisión de unas palabras
que no aciertan a ser de despedida.

Los vivos nos decimos entonces
mirando al más allá:
es una pena que el espectáculo del mundo no dure para
   siempre.

2

Te oyes respirar.
Parece que una aguja bordara en el vacío
las palabras que piensas y no vas a decir.
Toses.
No hay susurro de abejas,
solo hay soledad,
el silente temblor
de badajos y corazones detenidos.

Entonces piensas en los muertos.

Y escribes:

El silencio de los muertos en nada se parece a este si-
    lencio.
Ellos pueblan un mundo de voces acalladas
que murmuran aún
debajo de los pies.
Porque los muertos no están solos.
Está solo el que sabe que hay un pozo
y mira en su interior

y oye la oscuridad
flotando en su vacío.

Sobre el cielo sumido en el agua del pozo
caen y caen y caen las hojas del otoño
hasta llenar de musgo las estrellas.
Porque los muertos vuelan, ¿no lo sabes?

3

Aquello sucedió cuando el amor era un palacio inex-
    pugnable
con unos goznes gigantescos
y un portero automático que siempre contestaba que no,
que aún no había llegado ¿quién?
¡Quién lo supiera…!
Así que me entretenía canturreando en el umbral
mientras esperaba que las puertas se abrieran a mi paso.

Fue entonces cuando escogí a Leonard Cohen entre los
    discos del escaparate.
Me atrajo su aspecto mustio y distraído,
como me imaginaba que sería
quien quizás ya me estaba esperando en el portal equi-
    vocado.
Al posar con cuidado el disco sobre el plato,
lo hice como quien enciende una vela en una capilla.
Así acerqué la aguja,
con la misma parsimonia y el mismo respeto.
Su voz se irguió al instante como la llama entre la cera,
casi me quema aquella voz incandescente,

suave, profunda, humilde
y poderosa.
Yo no sabía aún
que es así como acercan sus labios los enamorados
cuando todavía no se atreven a mirarse a los ojos,
pero oía a Leonard Cohen con los ojos cerrados
y su voz me arrullaba: *oh, you are really such a pretty
one...*
Con el tacto del terciopelo tazado por el uso,
subía por mi espalda y al llegar hasta el cuello,
¡Aleluya!, su roce me estremecía tiernamente.
No entendía su idioma, no comprendía en absoluto
lo que decía el eco que me perseguía por el pasillo pe-
numbroso,
pero sentía su llamada: *For now I need your hidden
love...*
De haber sabido que era aquella
la voz de mi Amor,
me hubiera ocupado de que alguien me tradujera sus
mensajes;
sin duda lo hubiera hecho de sospechar que cada tarde
Leonard Cohen cantaba para mí.

Mas ahora que sé lo que significan sus canciones,
su voz ya no me dice al oído que me ama.
Oh so long, it's time that we began

to laugh and cry and cry and laugh about it all again,
eso fue lo que murmuró la voz de Leonard Cohen
mientras me acariciaba en la penumbra por última vez.

Hace tiempo que soy una mujer hecha y derecha
de las que recorren los pasillos con prisa,
pero eso no impide que aquella mañana
me quedara petrificada al oír por la radio:
LEONARD COHEN ACABA DE MORIR.

Fue el siete de noviembre de 2018,
el mismo año en que había muerto Marianne.
Ah, Marianne no le pudo llorar, como creo que tampo-
    co Suzanne pudo hacerlo,
así que fui yo sola en medio del pasillo
la que sostuvo su minuto de silencio
en mis manos tiznadas de ceniza.

¡Ah, qué triste!
Leonard Cohen ha muerto,
solo eso dijeron.

4

¿Estaba destinado a morirse aquel día
o tal vez fue el azar
quien quiso abandonar a este mendigo
un viernes nada santo
sobre la desnudez obscena de la madrugada?

¿Alguien sabe quién era?

Los mendigos no poseen nombre,
piden un nombre con los ojos
mientras nos dicen que les demos unas pocas monedas.

Mas hoy debemos indagar cómo se llama el pordiosero
que aguarda en un rellano
yacente como un Cristo sin esperanza de resurrección.
Es el regalo que nos dejó el fin de semana
en el piso de arriba.

¿Qué pensamiento
habría atravesado su memoria
al abrirse sus ojos

al vacío perenne de la muerte?
¿Acaso recordaría las palabras
del buen borracho que le abrazó en la noche de la he-
   lada?:
Debería haber sido tuyo
el cetro de la majestad y no el cayado de la servi-
   dumbre...
¿O no?
¿O quizás lo había soñado?
¿O tuvo que soportar el latigazo del desprecio
también por despedida?

Mas los recuerdos de un mendigo tampoco valen nada.
Su herencia es tan escueta como la noticia
que aparece en la esquina del periódico:
HALLADO MUERTO UN INDIGENTE.
DICEN QUE PROCEDÍA DE ZAMORA.

5

Vendrán los muertos a buscar sus huesos,
el jardinero con su rosa herida,
la costurera con sus alfileres,
el gañán con el saco
del hambre a sus espaldas.

Vendrán los muertos a buscar sus huesos
y España se abrirá como una inmensa tumba
mostrando la vergüenza taimada de los años
de mentira y temor.
Por un instante
igual que el vidrio de la cristalería
tintinearán de miedo los colmillos de los asesinos.

Solo por un segundo
eterno
los mirarán sus ojos,
los ojos de los muertos,
igual que miran las estrellas apagadas
que sin embargo tiemblan aún.

Después enterraremos el rescoldo
de la memoria bajo nuestros pies,
sabiendo que, ¡por fin!,
gracias a esta incursión en las vísceras negras del pa-
    sado,
habremos merecido regresar
al tiempo luminoso
de la hoguera encendida.

6

Busco un poema para la hermana de mi amiga.
Me acuerdo del que Szymborska dedicó a su hermana,
pero resulta que aquella hermana suya
jamás escribió versos,
y yo pienso que la hermana de mi amiga
sí que pudo escribirlos.
Y me acuerdo de un poema de Neruda
dedicado a su hermana,
pero Neruda lo escribió para su cumpleaños
y la hermana de mi amiga acaba de morir.
Así que yo misma he de escribir este poema.

Apanas la conocí,
mas sé de buena tinta
que la hermana de mi amiga se ocupaba
de todo lo pequeño, también de los vilanos
que no creó el Dios Padre en sus días mejores
y solo aparecieron
gracias al soplo de un dios anónimo y cansado.
Ella,
igual que los vilanos,

abandonó su peso antes de morir
llevando únicamente el hueco de su ausencia
en su humilde valija.

Por eso es que mi amiga recoge su recuerdo
y lo guarda en la cesta de mimbres invisibles
donde va colocando lo que no siendo suyo
ama más que a lo suyo.
–Mi amiga nada sabe
de lo suyo y lo mío,
y yo tengo entendido
que su hermana tampoco sabía de esas cosas–.
Sin embargo
su mano y voz ausente
asoman entre los pliegues de la pena.
Con sus dedos señala
un sendero borroso
y su voz interpreta un himno intraducible
al idioma diario de la sórdida lucha.

Hacia ese recinto se dirige la hermana de mi amiga.
Allí se abre la puerta
de la muerte sin sombra.
Soledad luminosa
traspasada de asombro,
promesa ya tendida

como una alfombra blanda
al sol
y a la costumbre.

7

Hay algo que me impide escribir este poema:
no consigo imaginarme al Doscientos diecinueve,
ni al Trescientos ochenta
ni al Quinientos once,
ni siquiera
al Mil dos en su cumbre de agonía.
Uno menos que ayer,
lo he oído en la radio,
esa era la buena noticia.

Los números son sencillos de pronunciar,
el número no evoca jadeo intermitente
ni conduce al efluvio de sudor corrompido.
¿Será hombre o mujer? ¿Y de qué profesión:
profesor, carpintero, ciclista?
Puede que un día en un pasado no remoto
levantara los brazos al alcanzar la meta,
pero hoy está solo, nadie acompaña su derrota.
Eso es lo que sé.
Si al menos imaginara el color de sus ojos…

Aunque algo me dice que los ojos de los números
    muertos
no tienen color,
sus párpados que suben
y bajan solo son
oleajes anónimos de dolor asombrado.

Los muertos de la peste,
este miedo a mirarlos,
el temor a encontrar en su sima sin fondo
el rostro innumerable
de la desgracia que nos mira.

8

Hoy he visto la foto de un amigo muerto.
Estaba abstraído,
ajeno por completo a mi proximidad,
pero tan cerca que he sentido su respiración.
Me he apartado espantada.
Eso es lo que pasa cuando nos situamos al lado de los
    muertos
—me refiero a los que aún no han ingresado en la fosa
    común del olvido—.

Al lado de los muertos, los vivos ya no somos nadie:
nuestra casa se ha derrumbado,
la comida se ha echado a perder
y carece de toda importancia
aquello que pensábamos contarles.
Por eso nos sentimos desvalidos
en presencia de quien habita la casa sin puerta,
sin aldabón siquiera,
sin ropa ni reloj ni todo aquello de lo que fueron des-
    pojados.

No hay viga que sostenga
la chabola ruinosa del recuerdo.
Ellos ya no desean abrir los paquetes,
ya no tiene sentido
nuestro ir y venir para envolverlos,
tampoco probarán el dulce de membrillo
que preparo en octubre diciéndome que acaso.
Es eso lo que pasa, que los muertos
ni siquiera nos ven mientras nos miran sus retratos.
No temen, no desean.
Por mucho que nosotros los miremos,
nunca van a mirarnos.
No,
no van a leer nunca
el poema que les hemos escrito.

9

Llegaste tarde,
muchos llegaron tarde aquel anochecer.

Sin embargo, cuando el baile comience,
también habrá una silla para ti.
Nadie te usurpará ese segundo
tuyo
auténtico.

Mas cuando el pianista se levante
y te vea entre el público esperando
con tu traje de raso desteñido,
entonces sí:
habrá un acuerdo en los relojes
para marcar la hora de tu muerte.

ÚLTIMO POEMA

Vivo como si nunca fuera a resucitar
desde el día en que descubrí
la gran mentira.
Tenía alrededor de quince años,
tiempo suficiente para acostumbrarme a la blancura
cenicienta
de la nada.
Mas hoy vuelvo a la estancia que un día abandoné.
¿O es que acaso no están los poemas para eso?
¿Para hablar de lo que no fue, pero existió, de lo que
    nunca
llegaría a existir, aunque haya sido?
Entonces no tiene nada de particular
que con toda la valentía que pude reunir
me preguntase adónde dirigiría yo mis pasos
si marchara al encuentro de ¿lo desconocido? Sí, así
    fue:
nada más descorrer las cortinas
apareció la procesión innumerable,
todavía me tortura su visión.
Las sombras no avanzaban hacia meta ninguna

mientras yo las veía poco a poco acercándose
por una brecha abierta entre la niebla.
Y maravilla parecía
que sin saber sus nombres
hubiera tantos rostros familiares:
corteses dependientes de comercio,
carteros, estanqueras y hasta aquel camarero
con su bandeja de latón bien pulido.
Así que yo me dije para mis adentros:
ellos abrigarán con su recuerdo mi dolida intemperie,
y mis dedos helados
comenzaron a revolverse en los bolsillos.
Mas ya casi me habían alcanzado
cuando bajaron sus miradas vidriosas
respondiendo a mis gritos con silencio espectral.
–¡Hombres! ¡Mujeres!,
clamaba yo impotente
a aquella multitud de cabezas sin ojos.
¿Acaso habría debido implorar de rodillas?
¿Recordarles que un día fui tan humana como ellos?
Pero mis ruegos vuelven a chocar
contra aquella muralla de millones de dientes.
¿Por qué?
¿Por qué no me contestan?
¿Acaso no soy ya
ni siquiera una sombra?

¿Habré muerto de nuevo?
¿Es que se puede morir más de una vez?
¿Qué significan en los sueños las citas con lo eterno?
Y nada se me ocurre que no sea
acercar el cuaderno que me espera en la mesa
también en la otra orilla.
Colocar mi cabeza sobre el cuello,
erguirme
y, con sumo cuidado,
introducir los ojos en sus cuencas,
meter los brazos y las piernas
por dentro de la blusa y de la falda,
atarme los zapatos
y, completa de nuevo,
recordar cómo era
yo misma
con un lápiz amigo entre los dedos.
¿Después?
Hacer lo único que haría
si volviera a resucitar en otro mundo:
ESCRIBIR UN POEMA.

Algunas precisiones

«Tuve una amiga santa de verdad»: dedicado a Catalina Montes.

«Hermana, ¿cómo voy a negarme a ir contigo al concierto?»: para Carmen y Yaye.

«A los niños les extraña que sus abuelos hayan sido jóvenes» y «¡Qué tontería!»: para Gabriele y Adriano.

«Busco un poema para la hermana de mi amiga»: para Soco Molina, la hermana de Maya.

«Hoy he visto la foto de un amigo muerto»: ante una fotografía de José-Miguel Ullán.

Índice